Original Title: Gedichte aus der Tiefe

Copyright © 2023 Book Fairy Publishing
All rights reserved.

Editors: Theodor Taimla
Autor: Isabella Ilves
ISBN 978-9916-39-333-8

Gedichte aus der Tiefe

Isabella Ilves

Im Schoß des Meeres

Im Tiefen Blau, jungfräulich klares Licht,
Wiegen sich Gedanken, weich und tricht,
Im Schoß des Meeres, im unbekannten Raum,
Schallt Gedichte der Fische, leis und kaum.

Welle an Welle, schlagen sie ans Herz,
Rufen hervor Freude und manchmal Schmerz,
Tief im Schoß des Meeres, dort gibt es keine Zeit,
Nur endloses Rauschen in sanfter Zweisamkeit.

Im Grün des Algenwaldes, so verträumt und klar,
Schläft ein Geheimnis, alt und wunderbar.
Im Schoß des Meeres, dort hört man den Gesang,
Der das Echo trägt, durch den ozeanischen Klang.

Wo das Licht der Sonne nur selten hin erreicht,
Wo die Kreaturen des Abgrunds zeich',
Im Schoß des Meeres, dort ist ein andere Welt,
So fremd, so unerreichbar und doch so hell erlebt.

Sanftes Sinken

Sanfte Augenblicke im Zwielicht sacht,
Wenn die Welt sich senkt zur tiefsten Nacht,
Der Himmel sich bunt im See widerspiegelt,
Und alles Leben, in Stille sich legt.

Sanftes Sinken der Sonne, golden und klar,
Bringt Dunkelheit auf der Landschaft wunderbar.
In der Ferne erklingen die Glocken leis',
Begrüßen den Abend in gelassene Weis'.

Wenn Sterne blinken in der Nacht,
Hat der Tag seine Pflicht gemacht.
Sanftes Sinken, der Tag nimmt Abschied, still,
Und Dankbarkeit das Herz erfüllt.

Im sanften Schimmer der Mondeslicht,
Löst sich die Schwere, das Angesicht,
In sanftem Sinken, die Schatten lang,
Begleitet die Nacht mit ihrem Gesang.

Zarte Wellenschläge

Wellen schlagen an den Strand sanft,
Die Gezeiten singen ihre alten Lieder,
Sie erzählen uns die Geschichten leise,
Als Erinnerung, sie vergehen nimmer.

Die Schönheit der Natur, sie ist einsehbar,
Von der Morgendämmerung bis zum Abendschein.
Ein Schauspiel des Lebens in seinen Farben,
Zarte Wellenschläge, oh wie sie sein fein.

Schiffbrüchige Hoffnung

Ein zerbrochenes Schiff in stürmischer See,
Hoffnungen gehen unter im salzig Nass.
Doch in der dunkelsten Stunde der Nacht,
Blinkt am Horizont ein rettender Kompas.

Schiffbrüchige Hoffnung, nie verloren,
In tiefer Sehnsucht, in stärkster Pein.
Auch wenn die Segel zerrissen sind,
Die Hoffnung leuchtet immer, sie lässt uns niemals allein.

Wenn der Ozean spricht

Hörst Du die Worte des Ozeans,
In den sanften Flüstern der Wellen?
Erzählt er dir episoden des Lebens,
In wildem Brausen oder sanftem Schnellen.

Wenn der Ozean spricht, hören wir zu,
Seine Geschichten sind tief und weit.
Von sanftem Plätschern bis wildem Sturm,
Erzählt er uns von Freude und auch von Leid.

Tränenhagel

Tränen fallen wie ein Hagelsturm,
Zerbrechen auf dem Boden in stummer Verzweiflung.
Ein Herz so schwer wie ein plötzlicher Regenguß,
Ist getränkt mit den Fluten der Verehrung.

Tränenhagel, verborgen im sanften Lächeln,
Erzählt stumme Geschichten von verlorenem Glück.
Doch selbst in der dunkelsten Stunde,
Schimmert ein Funken Hoffnung, ein Stück.

Das Echo des Meeresgrundes

Im Herzen des Meeres findet sich der Ton,
Ein Echo spiegelt wider, versteckte Kron'

Einsam, verlassen, tief und still,
Das ist der Meeresgrundes Wille.

Die Tiefe verbirgt mehr als nur Blau,
Es flüstert Geschichten, alt wie der Tau.

Im Meeresgrund liegt ein Echo verstaut,
Ein Lied das ewig auf Antwort schaut.

Tieftauchende Gefühle

Versinkend in den Tiefen der Leidenschaft,
Wo die Liebe badet in dunkler Kraft.

Unser Herz bewahrt den tiefsten Ozean,
Gefüllt mit Gefühlen, beginnt der tiefe Wahn.

Unter der Oberfläche verborgen und still,
Lauschen wir dem Herzschlag, bis es uns erfüllt.

Tauchen wir tiefer, wir erschaffen Wellen,
Diese tieftauchenden Gefühle, keine kann sie zählen.

Melodie des Verborgenen

In Stille wächst die tief verborgene Melodie,
Es singt die Seele, bot nie jemand die Poesie.

Sie summt im Dunkeln, verborgen fein,
Dort schläft die Weise eines ungespielten Reim.

Verborgen im Schweigen, wie der Mond verbirgt den Tag,
Klingt die Melodie ganz leise, als ob sie immer schlief und lag.

Lausche still, und Du kannst sie erkennen,
Die Melodie des Verborgenen, braucht Zeit, um sich zu nennen.

Verloren in der Dunkelheit

Allein unter dem Mantel der tiefen Nacht,
Wo selbst der Mond verliert seine Pracht.

Rot wie Wein, ist die Einsamkeit,
Verloren wir in dunkler Unendlichkeit.

Wo gehen wir hin, wenn das Licht vergeht?
In die Dunkelheit, die uns stets umweht?

Gefangen in der Tiefe, wo das Licht versinkt,
Bleiben wir verloren, bis ein neuer Tag uns blinkt.

Wasserfalltränen

Tränen fließen wie ein Wasserfall,

Ertränken jede Freude, jeden Knall.

Jede Trauer, jede Seufzer tief,

Bis der Schmerz in der Dunkelheit schlief.

Tränen fließen, unbemerkt, versteckt,

Wie ein Geist, der unsere Seelen weckt.

Sie waschen weg die Angst der Nacht,

Hinterlassen Hoffnung, neu entfacht.

Leuchtfeuer der Hoffnung

In der Dunkelheit, ein leuchtendes Feuer,

Ein Hoffnungsschimmer, niemals teurer.

Es leuchtet hell, in eisiger Nacht,

Weist uns den Weg, gibt uns die Macht.

Die Flamme tanzt, lodert auf, so hell,

Erzählt uns stille Geschichten, ganz schnell.

Sie erwärmt uns, in stürmischer Kälte,

Ist unser Leitstern in dieser Welt.

Nebel über dem Abgrund

Dichter Nebel schwebt über dem Abgrund,

Versteckt das Unbekannte, den tiefsten Grund.

Er umhüllt die Welt, nimmt uns die Sicht,

Lässt uns tasten im grauen Licht.

Der Abgrund lauert, tief und weit,

Die Nebelschwaden verschleiern die Wahrheit, die Zeit.

Doch in der Ferne, ein flackerndes Licht,

Wir folgen ihm, Hoffnung bricht.

Kreislauf des Lebens

Wir beginnen als Samen, unschuldig und klein,
Wachsen, blühen, leuchten im Sonnenschein.
Erleben Liebe, Leid, Glück und Schmerz,
Das Leben malt auf uns seinen tiefsten Kerz.

Wir erblühen, welken, fallen zur Erde nieder,
Doch der Kreislauf endet, endet nie, oh Liebste, wieder.
Vom Samenkorn zum Baum, zum Blatt,
So ist das Leben, das uns immer wieder überrascht hat.

Auferstehung aus dem Tiefen

Im Ozean der Dunkelheit, ich tauche,
Vorbei den Abyss, in Trauer wir saufen.

Doch leise Ahnung, wie Lieder der Hoffnung,
Ein Funke Leben, das in die Tiefe brauchen.

Ein Riss im Dunkel, ein brechendes Licht,
Aus der Schatten, ein glimmendes Gesicht.

Die dunklen Tiefen, sie halten Macht nicht,
In uns auferweckt, das leuchtende Blick.

Sehnsucht des Unendlichen

Mit blick zum Himmel, herz in Flammen,
Fühl ich die Sehnsucht, still und klammen.

Unendlichkeit, uns stets entkommen,
In dem Geist, doch können wir lommen.

So greife ich nach den Sternen über mir,
Erkenne, schließlich sind wir alle hier.

Von Licht zu Licht, von Wunsch zu Wunsch,
Dies ist die Reise, kein Abgrund, nur Sprung.

Tiefste Bedauern

Der Sturm des Bedauerns erfasst mein Herz,
Ein bitterer Hauch, getrieben von Schmerz.

Am Rande der Nacht steh ich allein,
Gedenke der Freude, nun nur noch Pein.

Fallende Tränen, wie Silber im Mondlicht,
Sie erzählen Geschichten von Liebe und Pflicht.

Trotz der Tränen, trotz des Verlusts,
In meinem Bedauern liegt eine bewusste Lust.

Tauchtuecher der Seele

Wie Seidentücher, im Wind fliegen,
Sie tanzen und drehen, keines konkret siegen.

Sie spiegeln die Stimmungen der tiefen Seele,
Ein Kaleidoskop von Gefühlen, in der Helle.

Jedes Tuch, eine Farbe, eine Emotion,
Sie erzählen die Geschichten, oh so schon.

So lasse ich sie fliegen, meine Gefühle wild,
Auf dem Wind, wirkt das Leben so mild.

Dämmerung unter Wasser

In der Tiefe, wo das Tageslicht vergeht,
Ward ich vom Dunkel sanft umfangen, still und leis,
Ein Lied der Stille in der Dunkelblau verweht,
Und Dämmerung unter Wasser ist ein stummer Reis.

Unter Wellen zieht die Schatten ihr Kleid an,
Geheimnisse verborgen in der Tiefsee Schoß,
Der Mond wirft Silberfäden auf den stillen Ozean,
Und Dämmerung unter Wasser, ein Ende und ein Schloss.

Kaskade der Emotionen

Wie ein Wasserfall fließen Gefühle hinab,

Berauschend stürzt sich Sehnsucht in den Abgrund rein,

Freude tanzt und springt, wie Wellen wild und wach,

Kaskade der Emotionen, ein Fest im Sonnenschein.

Leid trauert leise am Ufer der Verzweiflung,

Mut schwimmt tapfer gegen der Strömung Lauf,

Angst und Hoffnung in einem schwindelerregenden Taumel,

Kaskade der Emotionen, niemals nimmt sie ihren Lauf.

Mystik des Tiefblauen

Versunken in der Tiefe, das Geheimnis Blau,
Ein Reich verhüllt in Dunkelblau und Schweigen tief,
Das Tiefseeleuchten zeichnet sanften Schauder auf,
Mystik des Tiefblauen, ein nächtlicher Anruf rief.

In der Stille tanzt die Flosse der Gedanken-Silhouette,
Das Echo ihrer Bewegungen erzählt Geschichten groß,
Träumer versinken in dem tiefen Meeres-Bett,
Mystik des Tiefblauen, ein Meer voller Seelentrost.

Atlantis der Gefühle

Unter Wellen verborgen das Reich der Gefühle,

Wo Leidenschaft und Zärtlichkeit im Seesand spielen,

Liebe findet ihren Weg, durch Sturm und ruhige See,

Atlantis der Gefühle, ein verborgener Schatz, ein Juwel.

Furcht und Trauer, im Schatten des Riffs verborgen,

Freude perlt auf der Oberfläche, im Sonnenlicht klipp klar,

Gefühle tief wie der Ozean, mal still und mal wild bewogen,

Atlantis der Gefühle, ein Abenteuer, zauberhaft und wahr.

Schatten und Seelen

Im Dunkel tanzen Schatten fein,
Zwischen dem Nichts und Kerzenschein,
Seelen flüstern leise Lieder,
Erzählen von der Liebe wieder.

Sie erinnern an Tage so hell,
An Nächte voller Funkengefäll,
An Leben voller Hoffnung und Mut,
Und alle Furcht, verliert den Fuß.

Doch auch im Schatten liegt das Licht,
Zu finden, wenn man nur sorgfältig sicht,
So flüstern die Seelen ins Ohr uns leise,
Was bleibt sind Schatten und weiße Reise.

Stille des Ozeans

Unter dem Himmel azurblau,
Liegt der Ozean still und genau,
Wie ein Spiegel so glatt und rein,
Erzählt er Geschichten, groß und klein.

Die Wellen, sie spielen mit dem Wind,
Erzählen sachte von dem Kind,
Das einst schaute ins Meeresblau,
Und fand die Stille, die es genau.

Es ist die Stille, tief und weit,
Die bringt uns Trost in trauriger Zeit,
So lauschen wir und schauen hinaus,
Im Herzen tragen wir den Ozean nach Haus.

Tiefes Sehnen

In der Stille der Nacht, so tief und klar,
Entzündet sich ein Sehnen, so wahr,
Es ist wie ein Ruf, der die Herzen durchdringt,
Es ist die Sehnsucht, die uns zusammenbringt.

Die Sterne leuchten, so fern und kalt,
Erzählen Geschichten, alt und bald,
Unter ihrem Schein, im Dunkel der Nacht,
Wird das tiefe Sehnen leise wach.

Es ist ein Ruf, der uns zieht und lenkt,
Es ist die Sehnsucht, die unser Denken beherrscht,
Sie weckt uns auf, bringt uns ins Licht,
Die Sehnsucht verspricht, sie lügt nicht.

Geheimnisse der Tiefe

Im Dunkel der Tiefe, so still und kalt,
Verbergen sich Geheimnisse, so alt,
Sie flüstern Geschichten von vergangener Zeit,
Erzählen von Freude, Schmerz und Leid.

Sie liegen verborgen, tief und fern,
Ihre Weisheit ist alt wie der ewige Stern,
Sie sprechen leise, so voll und reich,
Von der Liebe und dem Königreich.

Das Dunkel birgt Geheimnisse, so klar,
Tief in der Tiefe, nur offenbar,
Sie erzählen uns von der uralten Reise,
Von Schatten und Licht, von Glück und Weise.

Spiegelbild im Meere

Im Meerspiegel, behutsam und weise,
Sieht man die Seele, klar wie die Speise.
Sicher schwankend in der blauen Tiefe,
Erzählt jedes Bild eine einzigartige Scharade.

Ein Blick in die Tiefe, offener Raum,
Das Meer reflektiert den wahren Traum.
Der glitzernde Spiegel, Wonnen und Leide,
Hält stets die Wahrheit in seiner Weite.

Den sternüberfluteten Himmel im Spiegel,
Der stillen Nacht, sie ist unser Siegel...
Kühle Wellen dir versprechen,
In jedem Spiegelbild wirst du dich entdecken.

Tiefsee der Erinnerungen

In der Tiefe des Meeres unseres Geistes,
Wiegen die Erinnerungen, fein und leis' ist.
Jedes Gedächtnis strahlt wie ein strahlender Star,
In der Dunkelheit der Tiefe, doch nie zu dar.

Tauchen wir tiefer, weht ein anderer Wind,
Vergessen ist nie, was wir einst sind.
Erinnerungsbilder, in der Tiefe versteckt,
Erwachen zum Leben, wenn man sie weckt.

Unter den Wellen, im verborgenen Meer,
Leben wir weiter, immer wieder, immer mehr.
Jeder Tiefseegrund unserer Erinnerungen,
Birgt Schätze, groß wie die Sprache der Zungen.

Unterwassertanz

Wie die Wellen wir tanzen, in Glück und Schmerz,
Unter Wasser strahlt jedes Herz.
Der Tanz der Tiefen, still und sacht,
Erweckt die Gewässer in voller Pracht.

Die Wellen wiegen uns in ihrem Arm,
Im Unterwassertanz, still und warm.
Ein tiefblauer Walzer, ein Tanz im Meer,
Im Rhythmus der Ozeane, nie waren wir leer.

In der Tiefe wir tanzen, umarmen das Licht,
Schließen die Augen, fürchten uns nicht.
Der Unterwassertanz, frei und wild,
Bewegt uns sanft, wie ein Kind.

Herzen im Ozean

Tief im Ozean, wo die Liebe singt,
Wo das Herz im Echo der Wellen klingt.
Leidenschaften flüstern, im blauen Meer,
Geheime Herzen, nah und doch so sehr.

Das Herz des Ozeans, es schlägt in uns allen,
Lässt uns lieben, fester als vorher fallen.
Versunken in seinen Tiefen, wir finden,
Die Herzen, die uns für immer binden.

In den Tiefen des Ozeans, wo das Herz ruht,
Spürt man die Stärke, den wilden Mut.
Herzen im Ozean, sie schwimmen frei,
Unser liebendes Refugium, in der Tiefe dabei.

Liebeslied der Tiefe

In der Tiefe deines Blicks, ganz klar,
Jeder Stern funkelt wahr,
In deinen Augen, Liebste, oh so tief,
Meine Liebe zu dir, die nie schlief.

Mit jedem Herzschlag, fühle ich dich,
Ein Liebeslied der Tiefe, nur für dich.
Die Welle der Liebe, sie bricht hervor,
Im tiefen Echo unseres Chors.

Wie die Tiefe des Meeres, unergründlich ist,
So ist meine Liebe, die dich nie vermisst.
Liebeslied der Tiefe, es schallt und singt,
Mein Herz, das nur für dich klingt.

Nachts in der Tiefe

Im Mantel der Nacht, so unendlich weit,
Versunken in Sternen, verstreut in der Zeit.
Leuchtet die Tiefe, in ferner Pracht,
Nachts in der Tiefe, Welch' sternenklare Nacht.

Die Gaben der Nacht sind still und tief,
Der leise Mond sein Licht rüber rief.
Unter dem Himmel so unendlich weit,
Weilt die Seele, in Traumhaftigkeit.

Gewebt aus Sternenlicht und Schatten,
Nachts in der Tiefe, die Gedanken, sie beraten.
Eingebettet in das flüsternde Dunkel,
Schlafen die Träume, sanft und funkel.

Liebesklagen des Leuchtturmwärters

Unbeirrt, in stürmischer Nacht,
Der Leuchtturmwärter seine Runden macht.
Sein Herz im Takt der Wellen schlägt,
Verborgene Sehnsucht, die in ihm liegt.

In der Kühle der Nacht, blickt er hinaus,
Die Ferne ruft, doch er bleibt zu Haus'.
Seine Liebe, wie ein Leuchtturm so stark,
In der Dunkelheit, sein leuchtender Mark.

Er wacht und wacht, doch sie kommt nicht heim,
Seine Liebesklagen, ein stummer Reim.
Ins Dunkle hinaus, das Leuchtfeuer sendet,
Eine Liebe, die nimmer endet.

Spiegel der Tiefe

Im Spiegel der Tiefe, so unergründlich weit,
Reflektieren Gedanken, verloren in der Zeit.
Ein Echo der Stille, so tief und klar,
Vom Herzen getragen, offenbar.

In den Tiefen, wie in einem Spiegel geseh'n,
Kann man das wahre Ich versteh'n.
Verborgene Tiefe, in mir erweckt,
Die Wahrheit, die im Spiegel steckt.

Spiegel der Tiefe, dein Bild so scharf,
Ein tiefes Lied, vom Leben harft.
Blick in mich, so tief und weit,
Spiegel der Tiefe, Erkenntnis ist bereit.

Die Tiefe zwischen uns

Inmitten dunkler Meere und mitternachtswahl,
Es besteht eine Tiefe, die uns ausführten.
Das Herz ruft klagend über den Sturz.
Jeder Klagelaut spart einen Moment.

Wie eine Kerze im Wind, ständig wankend,
Leben wir beide an Rändern, schwingend.
Und manchmal, wenn die Sterne scheinen hell,
Wird unsere Liebe durch die Dunkelheit fallen.

Tritt näher, lasst uns das Kichern der Sterne teilen.
Wenn die Wellen des Meeres gegen ferne Felsen prallen.
Die Tiefe zwischen uns, made by Nacht und Tag,
Kann kein Ozean, kein Sturm hervorrücken.

Die dunkle Romantik

In der Dunkelheit tanzt eine versunkene Romanze,
Wie im Schatten verlorene Sehnsuchtslieder.
In stiller Nacht, flüstert der Mond uns Geschichten,
Von alter Liebschaft und ihrer endlosen Wiederkehr.

Unter wildem Himmel und verblassenden Sternen,
Ruht eine dunkle Romantik, ehrfurchtsvoll still.
Mit jedem Herzschlag, mit jedem Atemzug,
Ist es die Süße deiner Schleier, die mich erfüllt.

Schmelzen wir im Rhythmus des nächtlichen Gesangs,
Verloren im Tanz der ewigen Geheimnisse.
Jede Berührung lösch eine Wehe, so lang,
Die dunkle Romantik, sie hält uns in der Messe.

Tränen im Ozean

Die Tränen im Ozean, in der Wüste des Alleinseins verloren,
Gefangen im salzigen Gewebe des herzlichen Weins.
Susse Stimmen, gefangen im wilden Wellengang,
Erzählen Geschichten von vergessenen Zeiten.

Der sanfte regen, die Wolken voller Trauer,
Spiegeln den Schmerz, versunken in tiefblauer Farbe.
Tränen fließen ins Endlose, niemand kann sie hören,
Sie sind verloren, im Flüstern des weiten Meeres.

Und doch ist jede Träne ein Echo der Liebe,
Jedes salzige Tropfen trägt eine Geschichte mit sich.
Tränen im Ozean, verborgen und ungehört,
Sie weinen für uns in unbekannte Tiefen.

Der ewige Abgrund

Ein ewiger Abgrund, so tief und düster,
Verbirgt die Erinnerungen an unser würdiges Leben.
Wo kein Licht leuchtet, kein Lied gespielt wird,
Liegt die Wahrheit in schwindelerregender Tiefe.

Im Schatten des Todes, neben der Kälte der Nacht,
Schweben wir über dem Abgrund, so endlos und leer.
Die Flügel der Zeit sind gefroren im Sturz,
In die Dunkelheit stürzen wir, ohne Hoffnung.

Oben ist Himmel, unten ist Dunkelheit,
Leben und Tod tanzen in ewigem Gleichgewicht.
Die Vergangenheit ist umhüllt in seidigem Schleier,
Bis der Morgen graut, fällt der ewige Abgrund.

Abgrund der Träume

Im Abgrund der Träume fällt leise der Schnee,
Tänzelt und wirbelt im endlosen Dreh.
Nacht schwärzt den Himmel, still und tief,
Wo jeder Traum seinen Ursprung rief.

In ihrem Schatten verbergen sich Sagen,
Stumme Gefühle, die kein Mund je zu klagen.
Sie sprudeln hervor aus der Tiefe der Seele,
In der Dunkelheit tanzt ihre grelle Kehle.

Die Sterne am Himmel, weit und klar,
Sind das Spiegelbild unserer Hoffnung, bahr.
Sie sind Boten des Friedens, durch Dunkelheit gedrungen,
In jedem Traum, tief und verjüngt.

Versunkene Gedanken

Versunkene Gedanken in der Tiefen Stille,
Verloren im Nebel, ohne eigene Wille.
Sie flüstern Geschichten, erzählen von Zeiten,
Von verlorenen Schlachten und hart erkämpften Weiten.

Sie tauchen empor aus dem tiefen Meer,
Unsichtbar und leise, doch nicht minder schwer.
Sie tragen Erinnerungen, wiegen Lasten von Gefühlen,
Durch sie weht der noch stimmlosen Lügen Kühl.

Jede Welle, die bricht an des Gedankens Gestade,
Ist eine Spur von Liebe, Verlust und Tradition.
Sie sind Boten der Vergangenheit, stille Botschaften,
In ihrem Sog versinken unsere tiefsten Schatten.

Unsichtbare Bande

Unsichtbare Bande, geflochten aus Seide,

Verbinden unsere Herzen, in Liebe und Leide.

Sie tragen unsere Träume, unsere Hoffnungen, weit,

Durch die Dunkelheit der Nacht, in die Weite der Zeit.

Sie knoten uns zusammen, in freudiger Erwartung,

Überwinden jede Hürde, jede Verzweiflung, jede Beklommenheit.

Sie sind die Brücke, die überspannt die Abgründe,

Wo gepflanzt sind unsere tiefsten, innersten Ränge.

Diese unsichtbaren Bande, so zart und doch so stark,

Sie verbinden uns fester, als es je tat ein Mark.

Sie sind der Faden, der unser Leben webt,

Durch die Dunkelheit hin, wo die Liebe strebt.

Ruf aus dem Unbekannten

Es klingt ein Ruf aus dem Unbekannten,

Unhörbar für das nackte Ohr,

Doch fühlbar für das Herz, so stark,

Wie ein Sturm, der zieht am dunklen Moor.

Es spricht von Sagen, von alten Zeiten,

Von heldenhaften Kämpfen, Träumen, Leiden.

Es flüstert sanft und doch so voll,

Von der Welt hinter dem leeren Kaul.

Dieser Ruf erschallt in der Dunkelheit,

In der Stille, in der Ruhe, in der Stille der Zeit.

Es ist der Ruf des Unbekannten, Fremden,

Der uns leitet auf unseren eigenen Wegen.

Stumme Schreie

Stumme Schreie in der Nacht,
Sie haben mich wie immer wachgebracht.
Flüstern von Angst, ein Hauch von Schmerz,
Sie hallen wider in meinem Herzen, geben keinen Scherz.

In der Dunkelheit, wo kein Licht scheint,
Wo der Schrecken leise weint.
Doch auch in dieser finsteren Stille,
Spüre ich die Kraft meines eigenen Willens.

Stumme Schreie, ein stilles Gebet,
In meinen Träumen, wo kein Wind weht.
Doch der Morgen wird kommen, mit neuem Licht,
Und die stummen Schreie verblassen, aus meinem Gesicht.

In der Tiefe der Dunkelheit

In der Tiefe der Dunkelheit, tief und schwarz,
Wo die Sterne leuchten, so hell und klar.
Dort finde ich Ruhe, dort finde ich Frieden,
In der Unendlichkeit, wo alle Geheimnisse liegen.

In der Tiefe der Dunkelheit, so still und kalt,
Entdecke ich Geschichten, unzählig und alt.
Geschichten von Liebe, Verlust und Trauer,
Versteckt in der Dunkelheit, hinter der Mauer.

In der Tiefe der Dunkelheit, so endlos weit,
Erkenne ich die Wahrheit, jenseits der Zeit.
Die Dunkelheit birgt Schönheit, man muss nur schauen,
Und den Schleier der Angst, Stück für Stück abtauen.

Echorufer

Ich rufe in das Echo der Zeit,
Suche Antworten, trotze der Einsamkeit.
Die Worte fliegen, wie Vögel so leicht,
Gedanken in der Stille, im Nebel gereicht.

Echorufer, Stimme im Wind,
Erzähle von Hoffnung, wo alle Sinne sind.
Lass die Worte tanzen, lass sie fliegen,
Über Berge, durch Täler, sie werden siegen.

Ich rufe in das Echo der Nacht,
Suche Mut, der aus der Trauer erwacht.
Echorufer, Klang im Ohr,
Sing dein Lied, immer wieder, immerfort.

Flüstern der Meeresfauna

Das Flüstern der Meeresfauna, tief und klar,
Erzählt Geschichten, so wahr und wunderbar.
Sie sprechen von der Tiefe des Meeresgrund,
Von der Freiheit und Schönheit, stunde um Stunde.

Das Flüstern der Meeresfauna, so zart und leis,
Eröffnet uns eine verborgene, magische Weis.
Sie singen das Lied des flüssigen Blau,
Ein Echo der Stille, ein Hauch der Tau.

Das Flüstern der Meeresfauna, so faszinierend und rein,
Bewahrt Geheimnisse, so alt und fein.
Mit jedem Rauschen der wellen und jeder Brise im Wind,
Flüstert die Meeresfauna, ewig gelind.

Flüstern der Tiefsee

Unter der Oberfläche, blau und furchtbar,
Höre ich ein sanftes Gemurmel, verstehbar.
Es ist das Flüstern der Tiefsee, still und klar,
Ein geheimer Ruf, faszinierend, aber wahr.

Sie teilt ihre Geheimnisse mit der Mondscheinflut,
Durch die Ewigkeit der Zeit, mit Charme und Mut.
Geschichten von verlorenen Seelen, betört durch ihre glut,
Ein Lied des Meeres, süß wie alter Honigmet.

Die Tiefsee flüstert, seufzt, singt und weint,
In ihren Weiten so dunkel, verzehrt und verneint.
Doch in ihrer Dunkelheit strahlt eine sanfte Hand,
Ein tröstlicher Ort, unser Heimatland.

In die Tiefe fallen

Ich blicke hinab in die unendliche Tiefe,
Die mein Herz mit schleichender Angst stiehle.
Doch zieht es mich hin, in das unbekannte Riff,
Ein Sprung in die Freiheit, schmerzhaft und stieff.

Wie ein Stein in die Tiefe fallend, versinkend schnell,
Umgeben von Dunkelheit, kalt und grell.
Aber statt dem Tod finde ich eine neue Welt,
Leben in Farben, wie oben nicht vorgestellt.

Den Druck spüre ich auf der Haut, schwer wie Blei,
Tief unten, wo kein Licht, kein Leben, nur Schrei.
Aber auch in der Dunkelheit gibt es Schönheit zu sehen,
In der Tiefe finden sich Leben, die ewig im Dunkel bestehen.

Herz des Ozeans

In meinem Herzen trage ich den Ozean,
Seine Geheimnisse, seine Geschichten schon lange daran.
Seine Strömungen fließen durch meine Adern,
Er ist mein Führer, mein Hüter, mein Wahren.

Die Flut meines Herzens, mal ruhig, mal rau,
Es spiegelt den Ozean, vertraut und blau.
Mit Wellen der Freude, unter der Oberfläche verborgen,
Ein ewiges Rauschen, ein Lied ohne Sorgen.

Und so weilt in mir, verborgen und still,
Das Herz des Ozeans, mit Liebe und Will.
In jedem Schlag, in jeder Welle, liegt es frei,
Mein eigenes Herz, tief wie das Meer, ewig dabei.

Marina Mysterien

In den Tiefen des Meeres liegen Geheimnisse verborgen,
Unsichtbar im Dunkeln, begierig nach Morgen.
Ancient und ewig sind die Marina Mysterien,
Atmen durch Korallen, flüstern in den Historien.

Die verstummte Schiffe, die verblassenden Namen,
Geschichten verlorenen, als alte Flammen.
Unter der Oberfläche wohnen die Marina Mysterien,
Hinweisend auf Vergangenheit, auf unbekannte Wisteria.

Sie winken uns zu, locken uns in die unergründlichen Tiefen,
Wo Licht sich verliert, und Erinnerungen schliefen.
Im Herzen des Abgrunds verbergen sich die Mysterien,
In der Stille der Tiefe, ruhen sie in Serien.

Mangrovengeheimnisse

Unter Büschen, wo die Stunden schweigen,
Sitzt der Flüstern von alten Reichen,
Mangrovengeheimnisse, in die Tiefe getragen,
Voller Mythen und Legenden, die sich nur die Erde wagen.

Verborgen im Dunkel, wo die Sonne nicht sieht,
Ruhig und alte Geister, in ihnen lebt ein Gedicht,
Sie erzählen Geschichten vom Tag und der Nacht,
Von Träumen und Schatten, die niemand erachtet.

Im Herzen das Echo von Vergangenem, verloren,
Und doch ständig neu wiedergeboren,
Geheimnisse, die im Mangroven tief liegen,
Verschlossen vor Augen, doch zu Herzen sie fliegen.

Der gesunkene Liebesbrief

Tief in den Fluten, wo die Sterne scheinen,
Ruht ein Brief, voller Liebe und Sehnen.
Seine Worte umhüllt das tiefe Blau,
Verloren im Meer, doch treu und genau.

Einst von Liebenden an die Wellen gegeben,
Beinhaltet er all ihre Träume, all ihr Beben.
Obwohl verschluckt vom salzigen Raume,
Strahlt er noch immer mit liebevollem Schaume.

Er sinkt und sinkt, doch die Worte bleiben,
In den Tiefen des Ozeans sie schreiben,
Ein Liebeslied, weich wie der Seidenschaum,
Ein gesunkener Brief, ein verlorener Traum.

Tanz im Tiefen

In der Tiefe des Meeres, da tanzen die Wogen,
Sanft wiegt der Rhythmus, ungestört, unbewogen.
Wie Tänzer in der Nacht, sie schwingen und beben,
Im Tanz des Ozeans, dort wo die Sterne beben.

Die Fische sind Zuschauer, in diesem Spiel,
Folgen dem Walzer, bewegen sich viel.
Unter dem Mond, in glimmender Pracht,
Tanzt das Meer, bis der Morgen erwacht.

Es ist Musik, die nur die Tiefsee versteht,
Ein silberner Tanz, der niemals vergeht.
Woge für Woge, sie tanzen im Reigen,
In der Tiefe des Meeres, wo die Sterne schweigen.

Elegie des Meeres

O profundum Meer, du rufst mit lautlosem Schrei,
Mit jeder Welle singst du eine Weise frei.
Dein Klang, dein Murmeln, dein endloses Beben,
Erzählt Geschichten, die das Land nie erleben.

Schimmernd und ewig, du bist ein Gedicht,
Deine Verse schreiben sich im schwindenden Licht.
In deinen Tiefen liegt ein geheimes Verlangen,
Nach den Geheimnissen, die an den Korallen hangen.

Elegie des Meeres, dein Vers ist die Flut,
Erzähle uns weiter, mach uns die Seele gut.
In deiner Stille, in deinem Rauschen,
Lassen wir uns gerne von deinen Worten berauschen.

Unentdeckte Seelenriffe

Unter weichem Himmelskleide,
Ein Seelenriff, verloren im Meere,
Gedanken spielen wie Wellenreigen,
Unentdeckt, doch stets in Ehre.

Was bleibt, sind Spuren im Sand,
Von Gezeiten nie erfasst,
Unentdeckt, in stetigem Wandel,
Eine Seele, von niemandem gepasst.

Im tiefen Blau der einsamen Welten,
Liegst du verborgen, leise und still,
Deine Geschichten der Sterne erzählen,
Unentdeckt, doch stets im Spiel.

Eines Tages wird einer verstehen,
Den Rhythmus, den dein Herz verschreibt,
Bis dahin wirst du ungelesen,
Unentdeckt, doch stets lebendig bleiben.

Lebensrauschen

Sanftes Rauschen, Lebensgesang,
In jedem noch so kleinen Klang,
Erzählt von Freude und Schmerz,
Und immer schlägt dafür ein Herz.

Leises Flüstern in der Nacht,
Im sanften Mondenschein erwacht,
Sterne tanzen, Herzen singen,
Und Lebensklänge durch uns klingen.

Crescendo hoch, dann wieder leise,
Jeder spielt auf seine Weise,
Mit sanftem Klang und lauter Stille,
Wählt jedes Herz seine Zeilen.

So schlafen wir, und träumen tief,
Bis der neue Tag uns rief,
Weiter geht das Rauschen, Singen,
Bis die Abendglocken klingen.

Tropfenfall der Träume

Ein Tropfen fällt, er trifft die Stille,
Im Herzen wohnt ein träumerischer Wille.
Wie ein gestreifter Kieselstein,
Spiegelt er unsere Träume fein.

Nächster Tropfen, fall und breche,
Zeig uns die Weite, nicht die Rächen.
So tänzeln Träume, fallend in der Nacht,
Wo das Dunkel sanft erwacht.

Sie malen Welten, Tropfen für Tropfen,
Lassen uns fliegen, tanzen, hüpfen.
In dieser Welt, fein und klar,
Ist jeder Traumwunsch wahr.

So sinken wir in die Tiefe der Nacht,
In der der Tropfenfall der Träume lacht.
Flüstert leise, träumend und fein,
'Bis morgen im Sonnenschein.

Herzaquarium

Das Herzaquarium, ein lebendiger Ort,
Wo sich Gefühle und Gedanken begegnen fort.
Tanzende Träume, flüssige Worte,
In diesem leuchtenden, pulsierenden Forte.

In stillen Wasserbläuen schlummern Geheimnisse tief,
Von Liebe, Verlust und leisem Grief.
Ein Farbenspiel, bunt und hell,
Erzählt die Geschichte eines jeden Quell.

Dunkle Strömungen, verborgene Ecken,
In denen die Schatten der Vergangenheit lechzen,
Doch über allem ein strahlendes Glühen,
Lehrt uns stets das Leben zu ziehen.

Das Herzaquarium, ein unendlicher Raum,
Erhellt von einem leuchtenden Traum,
Hier können wir tauchen, können schweben,
Und tausend verschiedene Leben leben.

Unterseeische Gedankenwelt

In den Tiefen der Blauheit, wo Fische wild tanzen,
Versteckt sich eine Welt, die nur wenige erforschen.
Geborgen in Stille, umgeben von dunkler Kühle,
Unter der Oberfläche strahlt eine unbekannte Gefühle.

Tief hinab, wo das Licht kaum reichen kann,
Spielen Gedanken von Geheimnissen und Zauber an.
Unterseeische Geschöpfe, so majestätisch und rein,
In ihrer stummen Schönheit lassen sie uns allein.

Gedanken gleiten wie Luftblasen zum Himmel hoch,
Ihre Reise unendlich, wie das tiefe Ozeanbett doch.
Diese Gedankenwelt ist kraftvoll und doch zart,
Im Herzen des Meeres, beatmet von seiner eigenen Art.

Tiefwasserträume

Unter dem Seespigel, wo Dunkelheit umarmt,
Tiefwasserträume, wo das Leben sich formt.
Leise flüstert der Abgrund seine alten Lieder,
Lichter tanzen durch das Dunkel, immer wieder.

Vorhang aus Blau, Tanzsaal der See,
Gibt unserm Geiste den Weg frei.
In die Tiefen hinab gleiten wir sanft,
In dieser Untiefe, wo Stille herrschaft.

Dort wo der Druck der Welt verschwindet,
Finden wir Träume, die uns einzig verbindet.
Unsere Gedanken gehören der Tiefsee noch,
Im Traum des Wassers, ändern sie natürlichen Lauf.

Faszination Meerestiefe

Dort, wo der Himmel das Meer berührt,
Wo das Licht seine Pracht verliert.
Jenseits des Horizontes, in endlose Blau hinein,
Liegt die Faszination der Meerestiefe allein.

Meereswunder, wunderbar und tief,
Unbekanntes Land, das noch im Schlummer liegt.
Unter den Wellen verbirgt sich ein Mysterium,
In der Tiefe unserer Fantasie finden wir Imperium.

Meeresgöttin singt uns ihr leises Lied,
Von Abenteuern die dort unten geschieht.
Ihre Stimme ist tief und wild,
Unsere Seelen mit Faszination gefüllt.

Unterseeische Erscheinungen

Strahlend blau, geheimnisvoll und tief,
Das Meer lockt uns, mit seinem sanften Rief.
Unter dem Wellentanz, die Stille zwingt,
Dort wo unterseeische Erscheinungen sich schlingt.

Leben pulsiert in seiner wunderbaren Pracht,
Ein Ballett der Natur, in seiner ganzen Macht.
Farbenfrohe Kreaturen schwimmen umher,
Jede Bewegung, wie ein erlesenes Lehr.

In diesem stillen Wasser, unter dem Meeresspiegel,
Getragen von Strömungen, in ewigem Wiegel.
Unterseeische Erscheinungen, von Menschen kaum gesehen,
In den Tiefen von Ozeanen sie ewig weiter bestehen.

Unterwasserlied

Unter blauem Mantel, tief und weit,
wo Fisch und Krabbe sich verbünden,
wo Wellen tanzen in der Zeit,
dort möchte ich wahren Frieden finden.

Das Schiff meiner Träume gleitet auf und nieder,
berührt den Grund der Ozeanweite,
mein Herz, es schlägt in Liedern wieder,
der Rhythmus der Tiefe, endlose Leichtigkeit.

Im Einklang mit dem Unterwasserchor,
ist da eine Melodie, die mich entführt,
ich tanze mit dem Meeresrauschen vor,
wo keine Menschenseele rührt.

Da unten in der Tiefe, wo Verstehen beginnt,
wo das Leben im Rhythmus der Wellen singt,
ist wo ich das Unterwasserlied find',
und das Herz der Ozeane klingt.

Verborgene Wahrheiten

In tiefen Schluchten der Gedanken verborgen,
liegen sie da, hart wie der Stahl,
unbezwingbare Wahrheiten, unbesiegt vom Morgen,
unberührt vom Tages Strahlenprahl.

Sie tauchen auf in den dunkelsten Stunden,
zeigen sich im versteckten Schein,
aus den Tiefen der Herzen gefunden,
unsere Wahrheiten, so groß und klein.

Ohne Scheu, sie zu erkennen,
stark im Willen, stark im Sein,
in der Dunkelheit, sie zu nennen,
so fallen die Wahrheiten, wie Stein.

Verborgene Wahrheiten in uns ruhen,
in jedem Augenblick, in jeder Zeit,
in unserer Stärke, in unseren Prüfungen,
sind wir die Wahrheit, in Ewigkeit.

Perlentaucher

Tief in den Ozean hinab,
durch dunkelblaue Wasserwelt,
tauche ich, mit nasser Gab,
in das Reich, das mir gefällt.

Ich tauche tief, um zu finden,
Perlen versteckt in Schalen geborgen,
unbeschreiblich, die Schönheit, die sie binden,
Erinnerung an die Morgen.

Perlentaucher, ich bin ich,
im Ozean des Lebens verloren,
ich tauche nach Perlen, eine für dich,
von der Liebe auserkoren.

In meinem Herzen eine Perlenkette,
so wertvoll, so klar und so rein,
im Licht des Tages, sie erzähle die Wette,
die Liebe, sie soll ewig sein.

Ballade des Abgrundes

Tanzend am Rande des Abgrundes weit,
wo Dunkelheit herrscht und Stürme wehen,
da verliert sich Zeit in Unendlichkeit,
und nur die tapfersten Lieder bestehen.

Der Abgrund ruft mit süßem Gesang,
lockt mit Versprechen, lockt mit Schmeichelei,
und trotz der Angst, sie ist nicht lang,
ich folge dem Ruf, bin endlich frei.

Ich tanze und springe, ich falle und schwebe,
im Abgrund der Nacht, da gibt's kein Maß,
so stürze ich tief, so hoch ich auch lebe,
wo alles endet, dort beginnt mein Spaß.

Und so tanze ich immer, bis zum Abgrundesrand,
mit Liedern, die in der Tiefe erklingen,
denn der Abgrund, er hält mich an der Hand,
und in meinen Liedern, wird er immer singen.

Meeressymphonie

Die Wellen tanzen im Mondscheinlicht,
Worin die Nacht ihre Geschichten spricht.
Meeressymphonie, mein Herz erwacht,
Im Rhythmus der Gezeiten, in der sanften Nacht.

Ewiges Rauschen, so voller Macht,
Ein Lied der Tiefe, in Dunkelheit gebracht.
Sterne spiegeln sich im stillen Meer,
Sehnsucht und Träume, oh wie sehr.

Die Stille bricht der Möwen Schrei,
Unter dem ewigen Himmelszelt stehe ich, ganz frei.
Das Meer, es leuchtet, in stolzer Pracht,
Erzählt von Freiheit, in einer sternenklaren Nacht.

Bergung des Herzens

Im kalten Felsschatten liegt verborgen,
Ein Herz, gefangen in den Sorgen.
Es schlägt leise, es schlägt sacht,
Die Hoffnung in ihm, hält still die Wacht.

Bittere Kälte und tiefer Frost,
Haben es fast, fast verrost'.
Doch da, ein Strahl, warmes Licht!
Zeigt dem Herzen den Weg, bricht sein Gewicht.

Felsige Höhen, steile Klippen,
Die Dunkelheit will das Herz umschlingen.
Doch dort es strahlt, bricht hervor,
Erwacht aus dem Schlaf, sein eigener Chor.

Das Herz auf Bergeshöhen geborgen,
Sieht nun den neuen hellen Morgen.
Die Nacht ist vorbei, es ist erwacht,
Mit neuer Kraft, mit neuer Macht.

Sturm der Sehnsucht

Durch die Blätter weht ein Hauch,
Sturm der Sehnsucht, wie alter Brauch.
Er rauscht durch Wipfel, löst Gedanken frei,
Trägt in die Ferne, die alte Melodei.

Ein zarter Wind, ein leises Flüstern,
Lässt in der Seele Sehnsucht wüstern.
Was einst verborgen in dunkler Nacht,
Werden durch den Sturm ans Licht gebracht.

Augen schließen, Herz weit offen,
Behutsam tasten, still gehoffen.
In der Stille des Gewühls,
Fühlt das Herz, wo es hin will.

Sturm der Sehnsucht, mächtig und wild,
Führt uns zurück, in die Heimat, mild.
Er löst die Fesseln, er gibt uns wieder,
Den Blick für das Wesentliche, und unsere Lieder.

Versteckte Perlen

Im Dunkeln des Meeres, tief und einsam,
Liegen Perlen versteckt, kostbar und geheimnisvoll.
In sanften Muscheln geborgen, in Schönheit eingesam,
Glänzen sie in ihrer Einzigartigkeit, rein und voll.

Sie warten auf den Moment, zu strahlen im Licht,
Gelöst aus den Tiefen, durch liebevolle Hand.
Zu erzählen Geschichte, zu brechen das Gericht,
Von der Stille des Meeres, vom fernen Traumland.

Versteckte Perlen, Schätze des Meeresgrund,
Erstrahlen in Schönheit, in heller Stunden Rund.
Sie sind wie Träume, tief in uns verborgen,
Wartend auf den Morgen, den neuen Morgen.

Muschel öffnet sich, Perle tritt hervor,
Zeigt ihre wahre Schönheit, strahlt im stolzen Chor.
Schenkt uns ihre Weisheit, ihren warmen Schein,
Mögen wir auch werden, wie diese Perlen rein.

Schatztruhe des Herzens

Die Tiefe des Herzens, unergründet und weit,
Wie eine Schatztruhe, getragen durch die Zeit.
Liebe, Freude, und Leid, geborgen sich darin,
Ein Universum des Fühlens, stiller Herzensschrein.

Edelsteine des Glücks, im Herzen fein verborgen,
Erstrahlen in der Dunkelheit, trotzen den Sorgen.
Die Perlen der Erfahrung, aufgereiht wie eine Kette,
Ein Schatz, den kein Pirat je entdeckt, keine Karte je rette.

So unsichtbar und doch so präsent, diese Truhe voller Wunder,
Ein Herz voller Schätze, tief hinunter, nie unter.
Verschlossen bleibt es nicht, öffnet sich mit jedem Schlag,
Offenbart die wahren Schätze, die es trägt, Tag für Tag.

Erinnerungswellen

Erinnerungen wie Wellen, reisen durch die Zeit,
Balsam für die Sehnsucht, Hoffnung, die uns befreit.
Sie tragen uns durch tiefe Täler, über hohe Gipfel hin,
Ein Ozean der Gefühle, in dem wir stets schwimmen.

Die Wogen der Vergangenheit, sie berühren unser Sein,
Leuchten im Dunkel, lassen uns nie ganz allein.
Sie schenken uns Momente, festgehalten für immer,
Wie Sonnenstrahlen, die durchbrechen, der Regenwolken Schimmer.

So wogen sie hin und her, diese Wellen der Erinnerung,
Mal sanft und warm, mal stürmisch und voll Schwung.
Eine Reise durch die Zeit, gefangen in einem Tropfen Meer,
In Wellen der Erinnerung, immer wieder, immer mehr.

Maritimes Mysterium

Auf den Meereswogen, weit hinaus ins Blaue,
Birgt das Meer Geheimnisse, in seiner Salzluft-Traue.
Verschlingt der Tiefen Rätsel, versteckt sie vor unseren Augen,
Ein maritimes Mysterium, von der Erde selbst erbaute.

Die silbernen Fischschwärme flitzen durch das dunkle Nass,
Geleuchtet von Mondesstrahlen durch das dunkle, kalte Glas.
Das Rauschen der Wellen erzählt Geschichten ohne Zahl,
Das maritime Mysterium, es singt seinen ewigen Choral.

Mit jedem Tropfen Wasser, verbirgt das Meer ein Stück,
Von dem unbekannten Abenteuer, von dem nie endenden Glück.
Das maritime Mysterium, es zieht uns in seinen Bann,
Es birgt die nackte Wahrheit und was man darin sehen kann.

Aus dem Korallenbett

Purpurrot und Türkisblau aus dem Korallenbett,
Farbenpracht, die uns verzaubert, nimmt uns mit in ein Netz.
Fische tanzen ihren Reigen, durch das Riff, das sie umgibt,
Eine Welt voller Wunder, die Liebe und Wärme gibt.

In den Schluchten des Korallenbetts, Leben wirbelt auf und ab,
Ein Kaleidoskop der Farben, ein atemberaubender Schatz.
Geheimnisse verborgen in jedem noch so kleinen Spalt,
Erzählungen aus einer Welt, die ihren eigenen Regeln halt.

Aus dem Korallenbett, hervor kommt eine Symphonie,
Eine Melodie des Meeres, wie das schönste Lied, das nie verzieh.
Es singt von Abenteuer, von Liebe und von Glück,
Aus dem Korallenbett, kehren wir verändert zurück.

Echo des Schweigens

In der Stille der Nacht, so allein,
Wartet ein Echo, so klein.
Es sucht nach Worten, findet jedoch keine,
Versekt durch die Dunkelheit, ganz alleine.

Ein sanfter Flüstern, kaum zu hören,
Erweckt die Sehnsucht, zu begehren.
Doch unser Gehör, zu schwach, zu klein,
Kann nicht der Schönheit des Schweigens sein.

Das Echo des Schweigens, eine stille Melodie,
In einer Welt, die immer am Reden sie.
Eine Symphonie der Stille, so klar und rein,
Lässt uns in Frieden und Harmonie sein.

Und so lauschen wir, Nacht für Nacht,
Dem Echo des Schweigens, mit all unserer Macht.
In seiner Präsenz sind wir wirklich frei,
Weil das Echo des Schweigens, es gehört nur dabei.

Schiffswrackgedanken

Ein Schiffswrack, verloren im Meer,
Seine Geschichte erzählt von Leid und Begehr.
Unter den Wellen versteckt, so fern,
Erinnert es uns an das Leben, so gern.

In seinen Tiefen liegen Träume versunken,
In der Dunkelheit, Schätze sind sie nun, verdrunken.
Sie flüstern Geschichten, die nie erzählt wurden,
Und Geheimnisse, die niemals gehort wurden.

Solche Gedanken ziehen uns in ihren Bann,
Wie das Meer es zieht an seinem Uferkranz.
In trüben Gewässern, bei Nacht und Nebel,
Stellt es die Frage, nach Recht und Regel.

Die Tiefe wird zum Spiegel unserer Seele,
Das Schiffswrack, eine Metapher so edle.
Unsere Gedanken, ein endloser Ozean,
Im Strudel der Zeit, sieht man sich wieder an.

Getragen von der Strömung

Ein Blatt im Wind, so zart und leicht,
Von der Strömung des Lebens weggefegt.
Es tanzt, es schwebt, es findet seinen Weg,
Getragen von der Strömung, in ständiger Beweg.

Es gleitet durch die Luft, so unbekümmert und frei,
Im Rhythmus der Natur, so einfach, so dabei.
Die Welt betrachtet es mit lachenden Augen,
In der Strömung des Lebens, kann es sich trauen.

Ob Sturm oder Regen, ob Freud oder Leid,
Getragen von der Strömung, verliert es nie den Streit.
Es lässt sich fallen, immer weiter hinaus,
Vertraut auf den Wind und folgt seinem Lauf.

Und so, obwohl es klein und verloren erscheint,
Zeigt es uns doch, wie man das Leben vereint.
Im Fluss des Daseins, mit Leichtigkeit und Anmut,
Getragen von der Strömung, in steter Hut.

Strom der Zeit

Zeit rinnt durch unsere Finger, wie sand,
Unter dem unermesslichen Himmel, wir stand.
Ein ewiger Strom, unaufhaltbar und rein,
Treibt uns vorwärts, lässt uns nie allein.

Jede Sekunde, ein kostbares Juwel,
Hinterlässt ihre Spuren, in Herz und Seel.
Sie formt uns, verändert uns, still und leis',
Im unaufhörlichen, ewigen Kreis.

Der Strom der Zeit, gnadenlos und klar,
Er lehrt uns, was wirklich wahr.
In seinem Fluss ist kein Platz für Stillstand,
Er nimmt uns mit in ein unbekanntes Land.

Mit jedem Takt schlägt sein pulsierendes Herz,
Erinnert uns an Freude, Liebe und Schmerz.
Im Strom der Zeit schwimmen wir alle dahin,
Jeder Moment, ein zeitloser Sinn.

Tiefster Schmerz

In einem Herz voller Wunden tiefe,
Weinen die Sterne, ohne Erleichterung.
Gelöst von der Freude, eingefangen im Leide,
Tropft der Regen der Sehnsucht, ist unser einziger Begleiter.

Stücke eines zerbrochenen Versprechens,
Singt der Wind unserer bittersten Geschichten.
Es zittern die Hände, es ertrinkt der Mut,
Im Ozean des Schmerzes, der Geliebten Flut.

Nur Echo der leeren Worten bleiben,
In den Schluchten der verlassenen Lieben.
Die alte Wunden weinen erneut,
Trost ist ein Lied, was keiner heut' mehr leut.

In einem Meer aus Tränen versunken,
Bleiben Seelen in Traurigkeit ertrunken.
So tanzt das Leben auf des Schmerzes Spiel,
Bis der letzte Atem den Tanz verzieht.

Korallenherz

Ein Herz aus Korallen, beständig und stark,
Tief unter dem Ozean verbirgt sich sein Park.
Sein Rhythmus ist sanft, als wär es ein Tanz,
Und spielt die Melodie der Sehnsucht ganz ohne Glanz.

Es pulsiert in der Tiefe, zärtlich und meist,
Farbenpracht zaubernd, wie ein innerer Geist.
Erzählt Geschichten, lange vergessen,
Aufbewahrt sicher in seinem Liebestempel vermessenen.

In einem Reich, wo die Stille wacht,
Atmet das Korallenherz in der Nacht.
Erleuchtet den Meeresboden, Strahlen lind,
Zeichnet die Geschichte einer ewigen Bind.

Geborgen in der Weite, versteckt und still,
Nährt es mit Liebe, wie nur die Natur es will.
So bleibt es schlagend, in allen Gezeiten,
Mit dem Liebesversprechen, immer zu begleiten.

Tiefe Seelenreise

Die Reise beginnt, ins Land der Seele,
Wo jeder Wahrheit enthülltsein Schleier fällt.
Das Licht der Dunkelheit erstrahlt im Kerzenschein,
Verborgene Wunden heilen, nichts ist mehr fein.

Wo Liebe und Leid tanzen Hand in Hand,
Wächst Mut aus dem Schatten, zieht uns ans Land.
In der Tiefe tauchen, wo Ängste hausen,
Die Stille hören, sich selbst vertrauen.

Unter Schichten von Gefühlen, so tief vergraben,
Licht der Wahrheit hell zu haben.
Ein Schatz verborgen, jenseits der Zeit,
Schimmerndes Bewusstsein, zur Wahrheit bereit.

Die Reise endet, doch die Seele bleibt,
Im Tanz des Seins, das Leben zeigt.
In den Tiefen gefunden, das wahre Ich,
Die Reise der Seele, ein ewiges Gedicht.

Schwelgen im Dunkeln

Im Dunkel sich verlieren, ohne Angst,
In jeder Ecke, Schatten tanzt.
Geflüster der Nacht das Ohr umspielt,
Jedes Herz, das in Dunkelheit fühlt.

Sterne leuchten hell, doch die Nacht bleibt dunkel,
Wie Träume vergangen in des Lebens Strudel.
Einsamm schlagen Herzen, verborgen im Licht,
Erzählen Geschichten von Liebe und Pflicht.

Die Kühle der Nacht streichelt das Gesicht,
In der Stille hört man sich, im Dunkel sieht man sie nicht.
Ängste und Wünsche verbergen sich darin,
Nächtlich Geheimnisse tiefer Sinn.

Also schwelgen wir im Dunkel, versteckt und verloren,
Bis der Morgen aufsteigt, ein neuer Tag geboren.
In der Dunkelheit bleibt, was der Tag vergisst,
Ein Schattenreich, wo nur die Seele ist.

Finstere Reflektionen

Im Spiegel der Dunkelheit verborgen,
Zeigt der Nacht die finsteren Sorgen.
Die Sterne küssen den Mondschein sanft,
Das Unbekannte beginnt seinen grausamen Kampf.

Schwarz wie Tinte, tief und wahr,
Unsichtbar im Schatten, doch immer da.
Manchmal unauffindbar, manchmal klar,
So sind die Reflektionen, man wundert sich gar.

Die Gräber der Gedanken, schön und trist,
In der stummen Nacht, die niemand misst.
Die Seele wandert, sucht ihren Pfad,
In der Hoffnung, dass sie ihn fad.

In den Abgrund der Reflektionen, tief und hart,
Begegnen wir unsere schlimmste Art.
Doch im Dunkeln liegt oft das Licht,
Erkennen wir uns selbst? Dies bleibt ein Gedicht.

Geht unter

Die Sonne geht unter, der Tag sagt Lebwohl,
Der Himmel malt Bilder, die Stille spielt eine Rolle.
Der Horizont brennt, in seinem rotgoldenen Kleid,
Es enden die Sorgen, beginnt die Einsamkeitszeit.

Die Sterne beginnen, ihr zwinkertes Spiel,
Die Welt schweigt still, nur der Wind ist zu viel.
Das Dunkel umhüllt die Erde so sacht,
Ein Mantel der Nacht, mit Sternen bedacht.

Einsam das Meer, ruht in seiner Weite,
Spiegelt den Himmel, in seiner geleitete.
Die Dämmerung singt ihr melancholisches Lied,
Bis der Morgen erwacht, und das Dunkel entflieht.

Die Sonne geht unter, der Tag nimmt sein Ende,
Im ewigen Wandern, kennt sie keine Wende.
So geht sie unter, doch morgen steht sie wieder,
Im östlichen Glanz, beginnt ihre Lieder.

Becken der Traurigkeit

In den Tiefen meines Herzens, verborgen so tief,
Liegt das Becken der Traurigkeit, in stummem Rief.
Voller dunkler Tränen, so bitter und echt,
Ertrinken die Gefühle, in diesem traurigen Geflecht.

Der Schmerz singt Lieder, von früheren Zeiten,
Die Worte zerfetzen, wollen uns begleiten.
Doch in der Stille ertrinken wir nicht,
Im Becken der Traurigkeit, sehen wir ein Licht.

Unter der Oberfläche, so dunkel und klar,
Liegt die Hoffnung, wunderbar.
Gedämpft durch Tränen, doch stets präsent,
Der Gefühle sanfte Ruhe, die nur der Herzspiegel kennt.

Im Becken der Traurigkeit, versteckt in dir,
Liegt die Kraft zur Veränderung, folge ihr.
Die Stärke der Tränen, so rein und frei,
Im Becken der Traurigkeit, findest du dich dabei.

Geheimnisvolle Meeresflora

Unter der Wellen tanzendem Spiel,
Versteckt sich ein Garten, so bunt und viel.
Geheimnisvoll, verzaubert, das Meeresflora,
In der Tiefe versteckt, wie eine verborgene Aurora.

Korallen in Farben, von Purpur bis Grün,
Algen wie Haare, die im Rhythmus hin und kün.
Bunte Fische schwimmen, in dieser Wunderwelt,
Von keinem Sturm, wird sie zerfellt.

Die Sonne malt Farben, durch das klare Blau,
Die Flora wirkt wie ein versunkenes Tau.
Ein Paradies der Stille, im Herzen des Meeres,
Dieser Garten erzählt, die allerältesten Heeres.

Die geheimnisvolle Meeresflora, in ihrer stillen Pracht,
Schafft Leben und Schönheit, mit bedächtiger Macht.
In der Dunkelheit der Tiefe, strahlt sie klar,
Die Meeresflora, wunderschön und wahr.

Einsamkeit des Abgrunds

In den dunklen Tiefen der Nacht,
Allein mit den Schatten und dem Schmerz,
Verliere ich mich in der Stille,
Bin ich eine einsame Seele, ein einsames Herz.

Die Zeit vergeht, die Tiefe bleibt,
Ein Echo meiner verlorenen Tränen,
Flüstert der Wind sanft in mein Ohr,
Ich bin die Einsamkeit des Abgrunds, kann niemanden hören.

Und trotz der Dunkelheit, trotz der Qual,
Funkelt ein Stern in des Abgrunds Hall,
Er erinnert mich daran, dass auch in der Einsamkeit,
Lebt ein Funken Hoffnung, doch es fehlt die Zweisamkeit.

So sitze ich, am Rande der Nacht,
An der Grenze zwischen Dunkelheit und Licht,
Theater des Lebens, Schauspiel der Macht,
Einsamkeit des Abgrunds, ich suche ein Gesicht.

In der Stille der See

Wo die Wellen leise küssen das Land,
Lieg ich und lausche der Stille der See,
Gedanken treiben weg, wie Sand,
Eingehüllt im Mantel der dunklen Ebbe.

Im Spiel des Mondes mit dem Wasser,
Im sanften Rauschen des Windes am Ohr,
Die Nacht sie singt, das Dunkle wird heller,
In der Stille der See finde ich mein Chor.

Mein Herz schlägt im Takt der Wellen,
Gefangen zwischen Himmel und Erde,
Der Blick in die Sterne scheint zu erzählen,
In Meerstille liegt der Schlüssel zur Wahrheit, der wahre Werde.

So lieg' ich da, und horch' ins Leere,
Gedanken wiegen sanft mit den Wellen hin und her,
In der Stille der See, so endlos, so schwere,
Find ich mein Frieden, mein Herz es wird leer.

Trost der Abgründe

Im dunklen Tal der toten Gedanken,
Wo Leben und Liebe scheinen so fern,
Hoffnung ertränkt in schwarzen Tiefen,
Suche ich Trost, doch der Abgrund bleibt störrn.

In diesem Meer aus Trauer und Leere,
Schimmert ein Licht, eine Flamme so schwach,
Ein Funken Hoffnung, in der Dunkelheit droben,
Zeigt den Pfad, aus des Abgrunds Nacht.

Und auch wenn mein Herz es blutet,
Und auch wenn meine Seele es schreit,
Der Trost der Abgründe, er bleibt stumm,
Nur Hoffnung führt aus des Abgrunds Dunkelheit.

Durch die Stille des Nachts, durch die Dunkelheit,
Fühle ich den Trost, der Abgründe breit,
Ich finde Frieden in den Tiefen der Nacht,
Der Trost der Abgründe, hat Stärke mir gebracht.

Häutung der Seele

Seele in Ketten, eingesperrt und gefangen,
Sehnt sich nach Freiheit, nach neuem Beginnen,
Das alte Gewand, es hängt lichterloh, verbangen,
Und nun beginnt die Häutung, das innere Spinnen.

Gefühle verblassen, Gedanken vergehen,
Neue Träume wachsen, leuchtend und klar,
Die alte Seele löst sich auf, im Wind verwehen,
Die Häutung ist da, das Neue ist wahr.

Durch die Dunkelheit, durch den Schmerz, durch die Angst,
Entsteht eine neue Seele, rein und unbekannt,
Die alte Haut zerfällt, doch der Kern ist längst umfangen,
Mit neuer Kraft, neuem Licht, neuem Land.

Häutung der Seele, ein natürlicher Wandel,
Ein Prozess so schmerzlich, doch auch so lebenskräftig,
Ein neuer Anfang, eine neue Kerze am Kerzenstandel,
Die alte Seele stirbt, die neue lebt prächtig.

Unterwasserschätze

Untiefen halten Schätze verborgen,
Glasscherben glänzen, mit Algen behangen,
Korallenkämme, vom Meere gespeist,
Leuchten bei Nacht, wenn die Tiefe eist.

Perlen von Muscheln, beleuchtet vom Mond,
In der Stille der Tiefe wo nur das Herz wohnt,
Ozeane erzählen Geschichten von Gold,
Wo der Sturm seine Lieder von Helden erzählt.

Edelsteine, in Abgründe verstreut,
Vom Blick des Sterblichen noch nie erfreut,
In die Tiefe hinab, es zu finden,
Müssten wir Menschsein aufgeben und uns binden.

Versunkene Schiffe, Geheimnisse halten,
Durch die Jahrhunderte, sie nie veralten,
Unterwasserschätze, so selten und rein,
Warten geduldig, entdeckt zu sein.

Fünf Fathome hinunter

Fünf Fathome hinunter, wo das Licht stirbt,
Wo die Schatten spielen und das Dunkel wirbt,
Dort tanzen die Fische, in Scharen so bunt,
In der kalten Tiefe, weit weg vom Grund.

Schwarze Tiefsee, von Sternen beleuchtet,
Versteckte Welten, vom Mondschein durchfeuchtet,
Jenseits der Wellen, fernab des Strandes,
Weckt das Unbekannte Sehnsucht und Verlangen.

Unter der Oberfläche, eine neue Welt,
Wo Stunden wie Minuten, Minuten wie Sekunden gezählt,
Fünf Fathome hinunter, ein Geheimnis verbirgt,
Das nur die Mutigen, die Tauchen, erfüllt.

In der blauen Unendlichkeit, der Großzügigkeit des Meeres,
Ist ein Ort des Friedens, jenseits der Schmerzen und Beschweren,
Fünf Fathome hinunter, wo die Freiheit wohnt,
Und das Echo deiner Seele, lauter als sonst, ertönt.

Atem aus der Tiefe

Leise singt das Meer seine Lieder,
Wiegen Wellen im Rhythmus hin und wieder,
Atem aus der Tiefe, salzig und frisch,
Schreibt auf dem Sand, in der Sprache des Fisch.

Geheimnisvoll murmelt die uralte Gischt,
Erzählt von Abenteuern, dem was noch ist,
Atemzug für Atemzug, ein Geschenk der Wogen,
Reinigt die Lungen, die Gedanken sanft bewogen.

Tiefsee schickt ihren Atem zu uns empor,
Ruht auf der Brust, dringt zum Herzen hervor,
Ein Ruf aus der Tiefe, ein Versprechen so klar,
Flüstert von Wundern, unter der Oberfläche, dort, wo sie wahr.

In jedem Tropfen, jeder Welle, jedem Wind,
Ein Lied aus der Tiefe, das seinen Weg zu uns findet,
Atem aus der Tiefe, vom Ozean gegeben,
Erinnert uns stets, an das tiefe Blau des Lebens.

Melodien im Meersalz

Meersalz auf den Lippen, im Haar der Wind,
Die Melodie des Ozeans, in der Seeschale findet,
Wellen rauschen Lieder, kaum zu verstehen,
Doch halten die Geheimnisse des Lebens im Wehen.

Wellenkuppen singen im Sonnenlicht,
Über alte Legenden, die nur das Meer spricht,
Melodien im Meersalz, Noten im Sand,
Die Mundharfe des Ozeans spielt an unsrer Hand.

In der Tiefe hallt ein geheimer Klang:
Ein Rhythmus des Lebens, ein ewiges
Ineinanderschlingen und Fang,
Der Gesang der Wale, das Flüstern der Algen,
Vom Wind getragen, ans Ufer gespalten.

Melodien im Meersalz, im Herzen brennen,
Den Ruf des Meeres, immer wieder erkennen,
Im Klang der Wellen, im Rauschen des Wind,
Finden wir uns selbst, und das, was wir sind.

www.ingramcontent.com/pod-product-compliance
Lightning Source LLC
LaVergne TN
LVHW020422070526
838199LV00003B/234